PRIMA MEA ENCICLOPEDIE

FRUCTE

Aquila

ISBN: 978-973-714-770-7

Autor: Ioana Zghibolț
Corector de specialitate: Isabela Hărăguș
Corector literar: Alecsandra Miron
Ilustrații și copertă: 2head.ro
Tehnoredactare: Image Impact

Director editorial: Diana Tăutan
Redactor-șef: Claudia Guiu

Editor:
Editura Aquila Logistic
Oradea, Str. Americii nr. 41
www.aquilashop.ro

facebook.com/edituraaquilalogistic

YouTube http://bit.ly/2BX3m2o

Printed in Hungary, Gyomai Kner Nyomda Zrt.

Descrierea CIP a Bibliotecii Naționale a României:
Hărăguș, Isabela
Prima mea enciclopedie. Fructe / Hărăguș, Isabela - Oradea: Aquila, 2018
ISBN 978-973-714-770-7

821.135.1

PRIMA MEA ENCICLOPEDIE

FRUCTE

Aquila

Cuprins

CIREȘELE

Cireșele sunt fructe extrem de populare, consumate de secole. Sunt rotunde, cărnoase, de culoare roșie până la roșu-închis şi conțin un sâmbure cu un contur oval. Cireșele au, în general, gust dulce. Doar unele soiuri pot fi amărui. Cozile fructelor sunt de culoare verzuie sau cafenie, cu ambele capete proeminente.

Cireșul este un arbore melifer, înalt de până la 10 m, prezintă o rădăcină puternic ancorată în sol, tulpină dreaptă, o coroană circulară, sferică, ramuri scurte și groase.

Este originar din Europa şi Asia de Vest și poate trăi 100 de ani. Preferă zonele însorite și solurile fertile de grădină. Deși cireșul crește și sub formă sălbatică, prin altoire se pot obține soiuri nobile.

Frunzele: sunt alungite, ovale, cu margini dințate și ascuțite la vârf, de un verde-închis.

Florile: sunt albe, lung pedunculate, dispuse câte 3-6 în fascicule şi înfloresc în lunile martie-aprilie.

Polenizarea: se face prin intermediul insectelor.

Fructele: sunt drupe globuloase cu pieliță moale, având o gropiță în partea superioară, de unde se prinde un peduncul. *Cireșele* se coc în lunile mai și iunie.

Dăunători: cei mai aprigi dăunători ai cireșilor sunt păsările. Culturile se protejează prin învelirea coroanei pomului într-o plasă. Printre dăunători se mai numără afidele şi viermii de cireșe, care sunt larvele muștei cireșelor.

Utilizări: *cireșele* au un conținut bogat de vitamine: A, B1, C. Se consumă proaspete sau sub formă conservată. Au și roluri terapeutice și preventive în boli cum ar fi atacul de cord, cancer, dar au și proprietăți antiinflamatorii.

CĂPŞUNELE

Căpşunele sunt unele dintre cele mai bune şi mai sănătoase fructe. Sunt fructe cărnoase, foarte parfumate, de culoare roșie, având semințe vizibile pe suprafața lor. Ele ajung la maturitate în lunile mai-iunie.

Căpșunul este o plantă ierboasă, perenă (trăiește mai mulți ani) şi este cultivat în toate regiunile țării, fiind originar din Europa şi Asia Centrală. Practic, căpșunii sunt impropriu denumiți astfel pentru că, de fapt, aceste plante sunt soiuri de fragi cu fructul mai mare. Se înmulțesc prin stoloni (din planta mamă cresc nişte tulpini subțiri în vârful cărora se formează noduri mici, care dezvoltă rădăcini şi frunze atunci când ajung în contact cu solul).

Frunzele: de culoare verde intens, formate din trei lobi, zimțate pe margini, având fața inferioară puțin păroasă, cresc sub formă de buchețele dintr-o tulpină aeriană păroasă.

Florile: sunt mici, au cinci petale albe și un receptacul păros. La o plantă se întâlnesc 3-7 flori.

Polenizarea: se face cu ajutorul vântului și a insectelor.

Fructele: *căpșuna* este un fruct fals, dezvoltat din receptaculul florii. Adevăratele fructe sunt micile semințe numite nucule, care nu se deschid şi care sunt amplasate pe suprafața părții cărnoase. Există soiuri de căpșuni care rodesc de mai multe ori pe an.

Dăunători: căpșunii prezintă dăunători specifici cum ar fi: gărgărița neagră a căpșunului, acarianul căpșunilor, acarianul comun, păduchele de frunză al căpșunului, viermii albi (larvele cărăbușului de mai).

Utilizare: Fructele bine coapte au un efect laxativ. Sunt foarte utile în tratarea gutei, artritei şi a anemiei şi previn dezvoltarea celulelor canceroase.

COACĂZELE

Aceste fructe aromate au boabe sferice, zemoase, cu gust acrișor, de culoare roșie, albă sau neagră, grupate în ciorchini, fiecare fruct conținând mai multe semințe. Astfel, după culoarea pieliței fructelor, se deosebesc soiuri de coacăze albe, de coacăze roşii şi de coacăze negre. *Coacăzele* se recoltează în luna iulie. Întâi ajung la maturitate coacăzele negre (cu circa 7-10 zile înaintea celor roşii şi albe).

Coacăzul este un arbust originar din Tibet (Asia), fără spini, înalt de până la 1,5 m; crește atât spontan, prin pădurile montane şi subalpine, cât şi cultivat. Tulpinile emit rădăcini care se dezvoltă superficial la 15-30 cm adâncime. Are nevoie de multă lumină, dar nu este pretențios la sol, putându-se dezvolta chiar şi pe solurile sărace. Înmulțirea se face prin butași, marcotaj sau altoire.

Frunzele: sunt împărțite în 3-5 lobi triunghiulari, cu marginea dințată, puțin păroase pe partea inferioară.

Florile: înflorește primăvara (după 15 aprilie). Are flori mici, de culoare verzui-roşiatică, grupate în inflorescențe care se deschid treptat de la bază către vârf.

Polenizarea: este directă, prin autofecundare.

Fructele: sunt bace roșii, galbene sau negre. Gustul bobițelor roșii este dulce acrișor, iar al celor galbene este mai suav. Toate soiurile de coacăz au un conținut bogat de vitamine, calciu și fier.

Dăunători: diferite virusuri, bacterii, ciuperci parazite, insecte, păianjeni, viermi, rozătoare, păsări etc. Printre măsurile de combatere se numără săpatul manual, prin care se încorporează şi se distrug pupele insectelor, reducându-se astfel rezerva biologică pentru următorul an de vegetație.

Utilizare: Din *coacăzele* negre, parfumate și cu gust puțin picant, se fac de obicei sucuri, vin și gem.

ZMEURA

Este un fruct suculent de culoare roșie, cu miros plăcut și gust acrișor-aromat, care se coace în timpul verii sau la începutul toamnei.

Zmeurul este un arbust peren, cu lăstari târâtori, cu tulpini drepte, arcuite spre vârf, cu ghimpi drepți, de forma unor ace. Originea lui se află în zonele submontane cu climă temperată, din Europa și Asia.

Creşte spontan în locuri stâncoase, atât la soare, cât şi în zonele semi-umbrite, într-un sol proaspăt şi bine drenat. Rezistă bine la temperaturile scăzute din timpul iernii, dar este sensibil la secetă. Zmeurul poate fi întâlnit pe întreg teritoriul României, fiind o plantă specifică zonelor cu climă temperată.

Se înmulțește prin butăşire.

Frunzele: sunt compuse din 3-7 foliole, dințate pe margini, verzi pe fața superioară şi albicioase pe cea inferioară, fiind acoperite cu perișori.

Florile: sunt mici, albe, cu 5 petale, grupate în inflorescențe. Reprezintă o sursă importantă de nectar pentru albine. Înflorirea are loc în lunile mai-iulie.

Polenizarea: cu ajutorul insectelor.

Fructele: sunt polidrupe suculente, de culoare roșie. Zmeurul obișnuit rodește în lunile iunie – iulie, dar există soiuri care rodesc din luna august până în luna octombrie.

Dăunători: virusuri, fungi: păduchii țestoşi, gândacul florilor, musca zmeurei (unul dintre cei mai periculoși dăunători). Pentru a alunga muştele, se recomandă plantarea, la baza tufei, a florilor de „nu-mă-uita”.

Utilizare: zemoasă și cu un parfum inconfundabil, *zmeura* conține puține calorii și este foarte bogată în calciu, fier, fosfor şi vitamine (mai ales vitamina C, dar şi A, B).

AFINELE

Afinele sunt fructe gustoase și pline de antioxidanți. Au culoarea albastru-închis, sunt rotunde, cu diametrul de 0,5 - 0,6 cm, zemoase, cu suc violaceu și gust plăcut, dulce acrișor. Fructele se coc în iulie – septembrie.

Afinul este un arbust mic, stufos, rămuros, cu tulpina de culoare verde, lungă de circa 30-60 cm. Se întâlnește în zonele de munte, mai ales pe versanții cu temperatură moderată. Este un indicator pentru soluri puternic acide, sărace în elemente nutritive, dar cu umiditate ridicată. Este o plantă perenă, cu originile în Europa, Asia de Vest și în Munții Stâncoși din America.

Se poate înmulți prin însămânțare sau prin butași, obținuți din ramurile laterale.

Frunzele: sunt mici, ovale, subțiri și lipsite de peri, și crestate pe margine.

Florile: sunt verzui roșiatice, cu petalele unite sub formă de clopoțel, dispuse câte 1-2 la baza frunzelor. Afinul înflorește în lunile mai-iunie, după înfrunzit.

Polenizarea: realizată de insecte.

Fructele: sunt bace negre-albăstrui, cu gust dulce-acrișor, zemos, care prezintă în interior mai multe semințe.

Dăunători: combaterea bolilor și dăunătorilor se face cu insecto-fungicide utilizate la toate speciile de arbuști fructiferi.

Utilizare: fructele sunt folosite în general pentru consum, prepararea băuturilor alcoolice (lichior de afine - afinată) și a băuturilor răcoritoare, precum și la prepararea gemurilor, dar și pentru tratarea anumitor afecțiuni.

CAISELE

Caisele au un gust dulce, miros foarte aromat și sunt sănătoase și bogate în vitamine. Au formă ovoidă, cu o coajă de culoare galben-portocaliu intens, acoperită de peri. Pulpa fructului e fragedă și moale, suculentă și deosebit de plăcută la gust, cu un conținut bogat de vitamina A. Se recoltează în lunile iulie sau august.

Caisul este un pom fructifer peren, răspândit în zonele de câmpie și coline joase. Rezistă foarte bine la frig și nu este pretențios la umiditate. Se poate altoi pe corcoduș sau pe prun, specii cu care este înrudit. Crește până la o înălțime de 4-7 metri, având trunchiul și ramurile subțiri, ușor curbate, și o coroană elegantă, în formă de umbrelă.

Frunzele: sunt ovale, ascuțite la extremitate, cu marginile zimțate și pețiolul roșu-violaceu.

Florile: apar în grupuri, la baza frunzelor, și culoarea lor variază de la alb pur la roz închis.

Polenizarea: este realizată, în mare parte, de albine.

Fructele: sunt drupe cărnoase, zemoase, care conțin un singur sâmbure dur în care se găsește o sămânță comestibilă, care seamănă cu o migdală.

Dăunători: pieirea prematură a pomilor este cea mai periculoasă boală a caisului, care duce la uscarea timpurie a pomului.

Utilizare: de la *caise* putem folosi, pentru menținerea sănătății noastre, fructul, semințele și florile.

PIERSICILE

Delicioase și extrem de populare, *piersicile* sunt originare din China, de unde s-au răspândit în lume cu ajutorul negustorilor care foloseau Drumul Mătăsii. *Piersicile* sunt de mărimea unui măr mai mic, iar la exterior prezintă o coajă cu textura mătăsii şi cu mici adâncituri longitudinale. Pulpa fructului este zemoasă și, în funcție de soi, are culoarea alb-cremos sau galben-cremos, iar în centru are un sâmbure dur. *Piersica* este moale și dulce, cu aromă plăcută. Perioada lor de coacere este în intervalul 15 iunie - 15 octombrie.

Piersicul este un arbore de mici dimensiuni, de maximum opt metri înălțime. Este pretențios la căldură și la lumină, dar este o specie rezistentă la secetă, chiar și prelungită. Se înmulțește prin semințe sau altoire.

Frunzele: sunt lanceolate de culoare verde deschis, ușor zimțate pe margini.

Florile: apar primăvara devreme, înainte ca pomului să-i dea frunzele, sunt mici, solitare, au o culoare roșu-carmin, roz și foarte rar albă. Înflorește în lunile martie și aprilie.

Polenizarea: este realizată cu ajutorul insectelor.

Fructele: sunt drupe acoperite frecvent de peri, de formă sferică, culoarea variind de la nuanțe de verde deschis, la galben sau la roșiatic. Sâmburele, așezat central, este de consistență dură și măsoară aproximativ 1-2 cm în lungime. Prezintă în interior o sămânță necomestibilă.

Dăunători: păduchele verde al piersicului, molia orientală a fructelor, molia vărgată etc. Combaterea cea mai eficientă este prin tratamente chimice.

Utilizare: *piersicile* sunt consumate proaspete sau sunt utilizate pentru prepararea diferitelor conserve precum: compot, gem sau dulceață.

MURELE

Dulci și suculente, *murele* sunt delicatese de vară care cresc mai ales în zonele nordice. La început, fructele sunt roșii, iar la maturitate devin negre-brumate, cu miros și gust dulce acrișor. *Murele* sunt fructe agregate, formate din bobițe mici, dispuse circular. Fiecare bobiță dispune de o pulpă suculentă, cu semințe mici, individuale. Se coc în iunie-august.

Murul este un arbust originar din Europa. În România crește la marginea pădurilor și de-a lungul apelor curgătoare, în zone deluroase – sub formă de tufișuri. Tulpinile sale arcuite, deseori târâtoare, sunt acoperite cu țepi ascuțiți și încovoiați ca niște gheare. Murul se înmulțeste prin rădăcini, prin butași sau prin îngroparea unei porțiuni scurte de lăstar în pământ, la fel ca rudele sale, zmeurul și afinul.

Frunzele: sunt compuse, ascuțite la vârf, cu margini neregulate dințate și nervuri păroase și proeminente pe dos.

Florile: sunt albe sau roze, dispuse în inflorescențe. Se deschid în lunile iunie-august.

Polenizarea: este realizată cu ajutorul insectelor.

Fructele: sunt polidrupe (fructe compuse), cărnoase și suculente.

Dăunători: afidele, păianjenii tetranichizi și insectele defoliatoare, care se combat cu produsele specificate în buletinele de avertizare.

Utilizare: *murele* sunt foarte gustoase și se consumă ca atare când sunt coapte (negre și puțin moi). Din ele se mai pot prepara diverse gemuri, jeleuri, compoturi, siropuri și băuturi alcoolice.
Fructele consumate proaspete au un efect ușor laxativ.

MERELE

Mărul este unul dintre cele mai populare fructe de pe Pământ. Rotund sau conic, fructul are o culoare ce variază de la verde la roșu, iar pulpa dulce delimitează casa semințelor. În interior are 4-8 semințe. Există între 44 și 55 de soiuri de meri, obținute prin altoire.

Mărul are o rezistență mare la ger, preferă solurile luto-argiloase și luto-nisipoase și este pretențios la umiditate. La noi în țară este cultivat în majoritatea zonelor.

Este originar din Asia Centrală, din nord-estul munților Himalaya. În Europa s-au găsit urme de mere carbonizate în locuințele lacustre din Elveția, datând de peste 7.000 de ani.

Frunzele: sunt mari ca dimensiune, cu peri pe partea interioară.

Florile: sunt de culoare roz pal, cu miros plăcut. Arborele înflorește în luna aprilie sau mai.

Polenizarea: este realizată de insecte, în special de albine, care sunt atrase de mirosul plăcut și de culoarea florilor.

Fructele: *merele* pe care noi le consumăm nu sunt fructele propriu-zise ale mărului, ci sunt fructe false. Fructul adevărat este ceea ce se numește popular „cotor”, parte necomestibilă. Mărul rodește, în funcție de soi, din iulie până în octombrie.

Dăunători: gărgărița florilor de măr, viermele merelor, viespea merelor, păduchele verde al mărului, păianjenul roșu etc. Combaterea se face, în livezile bio, cu ajutorul unor viețuitoare cum ar fi: buburuza, pițigoiul, ciocănitoarea, rândunica, vrabia etc.

Utilizare: pe lângă bine-cunoscutul uz alimentar, *merele* pot avea și efecte terapeutice.

PERELE

Para este considerată sora mărului, deoarece face parte din aceeași familie și ambele sunt numite poame. *Perele* sunt fructe mari, cu pulpă zemoasă și dulce, protejată la exterior de un înveliș galben. Forma diferă și ea, de la cea globuloasă la cea clasică, de bulb. Ele conțin vitamina A, B2, B6, C, minerale de calciu, sodiu, potasiu și fosfor.

Părul a fost cultivat încă din Antichitate în Europa de vest, în nordul Africii și estul Asiei. Părul preferă climatul temperat și umed, rezistă bine la frig, dar verile secetoase împiedică fructele să crească. Este pretențios și la lumină. Are o înălțime medie, ajungând la 10-17 m, iar rădăcina sa puternică poate ajunge până la 4-5 m adâncime. Preferă un sol bogat, ușor argilos și aerat.

Frunzele: sunt ovale, cu margini dințate, fiind aranjate alternativ pe ramurile lungi.

Florile: sunt albe. Rareori au o tentă de galben sau roz și înfloresc prin luna aprilie-mai, fiind grupate în inflorescențe simple.

Polenizarea: este realizată de insecte. Pentru o bună polenizare, este bine ca în aceeași livadă să se cultive mai multe soiuri de păr.

Fructele: în funcție de soi, ajung la maturitate în lunile iulie-octombrie.

Dăunători: gărgărița mugurilor, gărgărița bobocilor, păduchele țestos, puricele melifer al părului, cariul scoarței, acarianul roșu al pomilor, viespea perelor.

Utilizare: datorită conținutului lor, fructele stimulează digestia, crescând pofta de mâncare, vitaminizând și mineralizând organismul. Sunt consumate proaspete, uscate sau sub formă de gem, jeleuri ori sucuri.

PRUNELE

Din mulțimea de fructe și legume pe care natura ni le oferă, *prunele* reprezintă adevărate rezerve de energie. În funcție de soi, prunele pot fi sferice sau alungite. Acoperite cu o peliculă cerată fină, *prunele* au culoare neagră-albăstruie, violet sau roșie-violet, sunt cărnoase și au gust dulce. Se coc în lunile iulie-august.

Prunul este un pom fructifer de talie mijlocie, fără spini (spre deosebire de strămoșul său sălbatic, porumbarul).

Se presupune că a fost adus în sudul și vestul Europei din Caucaz, unde s-a format prin încrucișarea naturală a porumbarului și a corcodușului.

La noi în țară este răspândit în majoritatea zonelor, prezentând o mare adaptabilitate la diferite condiții de climă și sol. Înmulțirea se face prin altoire.

Frunzele: sunt lungi de 5-10 cm, au formă eliptică, pețiol scurt de 1-2,5 cm, iar pe margine sunt fin zimțate.

Florile: sunt albe, au petale alungite și înfloresc în lunile aprilie-mai, înaintea înfrunzitului.

Polenizarea: este realizată cu ajutorul insectelor.

Fructele: poartă numele de drupe, având în mijloc o porțiune dură, numită popular „sâmbure”, care conține o sămânță amară, necomestibilă.

Dăunători: viespea semințelor de prun, viespea neagră a prunelor, păduchele țestos al prunului, viermele prunelor, dar și acarienii. Combaterea dăunătorilor se face prin tratamente fitosanitare.

Utilizare: europenii consumă *prunele* în stare proaspătă sau conservată (gemuri, marmelade, dulcețuri etc.), în timp ce americanii le preferă uscate. În România și în Serbia, din prune se obține țuica, băutură alcoolică tradițională a celor două țări vecine.

PEPENELE VERDE

Dulce, aromat și foarte hidratant, *pepenele verde* este extrem de benefic pentru sănătate. Fructul uriaș are coaja netedă, de culoare verde. Miezul este suculent, dulce și răcoritor. Culoarea acestuia este în majoritatea cazurilor roșie. Se recoltează în lunile august și septembrie.

Pepenele verde este o plantă leguminoasă anuală, erbacee, agățătoare, originară din deșertul Kalahari. Are rădăcini care pot ajunge la 1-1,5 m adâncime, ceea ce face ca apa și sărurile minerale să fie absorbite de la adâncime mare, cultura dând rezultate bune și în zone mai secetoase. Tulpina este ramificată, acoperită cu perișori și prevăzută cu cârlige.

Pepenele verde este foarte pretențios la căldură și la lumină, dar destul de rezistent la secetă. Se înmulțește prin semințe.

Frunzele: sunt mari, prevăzute cu cinci lobi adânci și acoperite cu perișori, ca o adaptare a plantei la secetă.

Florile: sunt mari, galbene și unisexuate. Fructele se dezvoltă din florile feminine.

Polenizarea: se realizează cu ajutorul insectelor. Florile sunt intens cercetate de albine, care contribuie la fructificarea lor. Producția de nectar este relativ mică.

Fructele: sunt bace uriașe dezvoltate din ovarul inferior, având în medie 4 kg. Cărnos și zemos (cca. 90% apă), *pepenele verde* are formă sferică. Semințele sunt de culoare neagră, maro sau albă și sunt bogate în vitamina E.

Dăunători: printre cei mai comuni sunt gândacul castravetelui și moliile. Șoarecii și cârtițele adoră, de asemenea, pepenii.

Utilizarea: se consumă în stare proaspătă și este foarte apreciat pentru conținutul în diferite vitamine (A, B, C, B3), săruri minerale (de potasiu, fosfor, calciu, fier) și conținut ridicat în zaharuri.

STRUGURII

Strugurii conțin o serie întreagă de oligoelemente ce întăresc organismul și îi dau vitalitate, de aceea au fost denumiți „polivitamine naturale”. *Strugurele* este compus din două părți principale: ciorchinele și boabele. Ciorchinele este scheletul strugurelui, care susține boabele. Boabele sunt alcătuite din: pieliță, miez cărnos şi semințe. Se culeg în lunile septembrie-octombrie.

Strugurii reprezintă fructele viței de vie, cultivate la noi în țară încă din vremuri străvechi, mai ales în zonele de deal, valorificând astfel și terenurile în pantă. Vița de vie este o liană, care poate atinge o lungime de 35 m și care se agață de suporți prin cârcei. Se înmulţeşte prin semințe sau vegetativ, folosind părțile aeriene ale butucului, prin altoire, butași sau marcotaj.

Frunzele: sunt mari, zimțate pe margini și formate din 3-5 lobi.

Florile: sunt mici, grupate în inflorescențe, prevăzute cu cinci petale de culoare verde sudate la vârf. Petalele se desprind de floare asemeni unei căciulii.

Polenizarea: poate fi naturală sau artificială.

Fructele: *strugurii* sunt fructele (numite bace) viței de vie.

Dăunători: acarienii, moliile strugurilor, omida păroasă a dudului, tripsul viței de vie, păduchele țestos, păduchele lânos, forfecarul viței de vie, țigărarul, sturzii etc.

Utilizare: în *struguri* au fost descoperite circa 300 de substanțe biologic active cu proprietăți radioprotectoare, bactericide, antioxidante, neurostimulatoare, de tonifiere și alte caracteristici funcționale.

MĂCEȘELE

Utilizate încă din Antichitate pentru bogăția de vitamine pe care o conțin, *măceșele* sunt la început verzi, apoi devin portocalii, iar la maturitate deplină sunt roșii. Se coc la începutul toamnei.

Înrudit cu trandafirul, măceşul este un arbust. Îl întâlnim în Europa, în nord-vestul Africii și în vestul Asiei. Crește în zone însorite, la marginea pădurilor, pe marginea drumurilor și a căilor ferate. Are o înălțime cuprinsă între 1 și 5 m, cu o tulpină acoperită de țepi mici şi ascuțiți.

Înmulțirea măceșului se poate face prin semințe, prin ramuri înrădăcinate, obținute prin despărțirea tufelor existente în flora spontană sau în cultură, și prin marcotaj.

Frunzele: sunt compuse, formate din mai multe frunzulițe, de obicei 5-7, de formă ovală, dințate pe margini. La baza frunzelor se află alte două de dimensiuni mai mici.

Florile: sunt mari, parfumate, au culoare roz-albă, solitare sau grupate câte 2- 3 în inflorescențe și dispuse în vârful ramurilor.

Polenizarea: este realizată de insecte.

Fructele: *măceșele* sunt pseudo-fructe provenite din bombarea receptaculului, de culoare roșu-portocaliu, lucioase. În interior se găsesc adevăratele fructe, numite achene (considerate impropriu semințe), care sunt triunghiulare și au peri aspri.

Dăunători: păduchii verzi, păianjenul roșu, tripsul, viespea tripunctată și viespea țigărar a trandafirului. Aceasta din urmă atacă în stadiul de larvă.

Utilizare: măceșele au de 50 de ori mai multă vitamina C decât citricele și de 200 de ori mai multă decât merele.

ALUNELE DE PĂDURE

Datorită compoziției lor, *alunele de pădure* sunt fructe puternic nutritive, cu valoare energetică mare. Au formă ovoidală, cu un mic cioc, având la bază un înveliș verde în formă de degetar. Se coc în lunile august-septembrie.

Alunul este un arbust care atinge 4-6 metri înălțime. Originar din Asia Mică, alunul a fost răspândit în toate zonele cu climă temperată și umedă. În stare sălbatică, crește la poalele pădurilor de fag și stejar.

Alunul crește și fructifică bine în zone puternic luminate. Nu este pretențios la sol, crescând chiar și pe terenuri pietroase, sărace, calcaroase sau acide, însă cu umiditate crescută.

Metoda cea mai folosită de înmulțire este marcotajul prin mușuroire.

Frunzele: sunt zimțate pe margine, au o formă ovală și sunt ascuțite la vârf. Fața dorsală a frunzei este acoperită de peri, iar pe fața ventrală se pot vedea nervurile.

Florile: sunt unisexuate. Florile bărbătești, de culoare galbenă, formează mâțișori, care produc mult polen. Cele femeiești sunt mici, formate din 2-4 stigmate purpurii, și globuloase, asemănătoare unor muguri. Înflorește cu mult timp înainte de a înfrunzi.

Polenizarea: este realizată exclusiv cu ajutorul vântului.

Fructele: din punct de vedere botanic, *aluna* este de fapt o nucă, dotată cu un înveliș tare, lemnos, iar în interior se află două semințe.

Dăunătorii: gărgărița alunului, acarianul mugurilor de alun, păduchele galben al alunului etc.

Utilizare: *alunele* sunt apreciate pentru conținutul bogat în grăsimi, proteine, vitamine și săruri minerale, fiind utilizate în stare proaspătă sau în diferite produse de patiserie.

NUCILE

Nucile au fost, încă din timpuri străvechi, asociate cu înțelepciunea deoarece forma lor seamănă cu cea a creierului. *Nucile* sunt sferice și prezintă la exterior un înveliș lemnos care delimitează la interior o singură sământă, formată din două cotiledoane mari, care constituie partea lor comestibilă, bogată în ulei. Coaja cu care sunt învelite este de culoare verde. Fructele sunt gata să fie recoltate în luna august, atunci când coaja verde începe să crape.

Nucul este un arbore foios care atinge înălțimea de 25 metri, are un trunchi masiv și ramuri care formează o coroană umbroasă. Se înmulțește aproape numai prin sământă, dar cu destulă greutate. Crește sporadic în păduri de amestec, mai ales la deal.

Frunzele: sunt de culoare verde închis. Acestea sunt compuse din 5-9 foliole eliptice. Fiecare foliolă are o lungime de aproximativ 2-9 cm, margini netede, iar ca formă sunt ovale şi au vârful ascuțit.

Florile: sunt unisexuate. Florile bărbăteşti sunt grupate în florescențe solitare sau câte două şi sunt cilindrice şi multiflore. Cele feminine sunt grupate în două sau patru florescențe și sunt purpurii. Nucul înflorește de regulă în luna mai.

Polenizarea: este realizată de vânt.

Fructele: sunt drupe sferice de culoare verde, care se deschid la coacere. În interior au o singură sământă, cu două cotiledoane mari, zbârcite, bogate în untdelemn. Sămânța este numită popular nucă.

Dăunători: nucul este atacat foarte des de o bacterioză care produce pete negre pe frunze și pe fructe. Fructele bolnave nu sunt comestibile. Pentru a remedia această situație, se fac mai multe pulverizări cu cupru.

Utilizare: *nuca* este unul din fructele des folosite de români. Este folosită în alimentație, în diferite produse specifice cum ar fi: cozonacii, plăcintele etc.

GUTUILE

Gutuile sunt ultimele fructe care se coc toamna târziu. Având o formă ciudată, o combinație între măr și pară, gutuile sunt fructe mari, galben-aurii, puternic parfumate, cu gust astringent dulce-amărui. Ele își mențin consistența fermă, aroma și aciditatea, chiar și după fierbere. De asemenea, au un conținut ridicat de pectine, care le conferă un grad mare de gelificare.

Originar din regiunea Caucazului, gutuiul este un arbore fructifer de mărime medie, înrudit cu mărul și părul. Rădăcinile nu se dezvoltă mult în adâncime, fiind dispuse în stratul superficial al solului. Coroana este deasă și are formă neregulată.

Fiind o specie care crește în zonele calde, gutuiul se situează printre speciile cele mai pretențioase față de lumină și căldură. Înmulțirea se face prin semințe, marcotaj și altoire.

Frunzele: sunt simple, cu marginea netedă, de formă ovalată, cu suprafață acoperită de peri moi, catifelați, de culoare albă.

Florile: sunt mari, solitare, albe sau roz, cu cinci petale. Înflorirea se produce târziu, după apariția frunzelor, în perioada aprilie-mai.

Polenizarea: este realizată de insecte.

Fructele: sunt bace false, acoperite de un puf cafeniu. Pulpa fructului este foarte ușor oxidabilă , cu gust astringent şi prea puțin dulce. Semințele sunt numeroase, poligonale, adesea lipite între ele printr-un strat fin de mucilagiu.

Dăunători: produc pagube, boli precum: mumificarea gutuilor tinere, rugina gutuiului, focul bacterian. Dintre dăunători amintim: afidele, viermele fructelor etc.

Utilizare: *gutuia* poate fi mâncată ca atare, atunci când este coaptă, sau poate fi mâncată cu zahăr. Este folosită la marmeladă și compot sau poate fi coaptă în cuptor. Puternica ei aromă o face să fie un bun ingredient pentru unele prăjituri.

CASTANELE COMESTIBILE

Castanele au un înveliș exterior spinos, asemănător unui arici de mare, care se deschide numai atunci când fructele sunt coapte. Au o formă asemănătoare unei inimi, cu vârful ascuțit, iar în partea opusă au o pată crem spre gri. Sunt acoperite de o coajă de culoare brună, care delimitează la interior pulpa bogată în amidon.

Castanul comestibil este, cel mai adesea, un arbore foios, cu o rădăcină rămuroasă, tulpină dreaptă, cilindrică, de dimensiuni mari. Este originar din sudul Europei şi din Asia Mică, dintr-o zonă cu climat mediteranean tipic, de aceea preferă regiunile cu un climat blând, cu umiditate medie. Înmulțirea se face prin semințe, marcotaj și altoire.

Frunzele: sunt lungi, lanceolate şi crestate adânc pe margini, având partea superioară colorată în verde strălucitor, iar cea inferioară mai deschisă ca nuanță și acoperită cu perișori.

Florile: sunt monosexuate, fiind situate pe aceeași plantă, dar pe două niveluri diferite, cele masculine în partea superioară a plantei, iar cele feminine în partea sa inferioară. Florile au un miros puternic, capabil să atragă insectele polenizatoare. Florile apar la sfârșitul lui iunie și începutul lui iulie, rămânând înflorite până se produce fecundația.

Polenizarea: este realizată cu ajutorul insectelor.

Fructele: toamna se formează între 3 și 7 achene independente - castanele - protejate de o manta țepoasă care crapă atunci când fructele sunt coapte. *Castanele* se coc în octombrie.

Dăunători: gărgărița castanelor şi viermele castanelor.

Utilizare: fructele, care sunt foarte gustoase, sunt utilizate ca ingredient de fabricanții de ciocolată și delicatese, fiind frecvent coapte sau prăjite.

CURIOZITĂȚI DIN LUMEA FRUCTELOR

Viermele din cireașă este, de fapt, larva unei muște care își depune ouăle în pulpa moale a fructului. O foarte veche superstiție spune că visul cu cireşe prevesteşte multă fericire.

În cultura japoneză, cireșele sunt simbolul vieții trecătoare.

Consumul de mere proaspete previne cancerul de colon.

Unul dintre efectele consumului de afine proaspete este îmbunătățirea vederii.

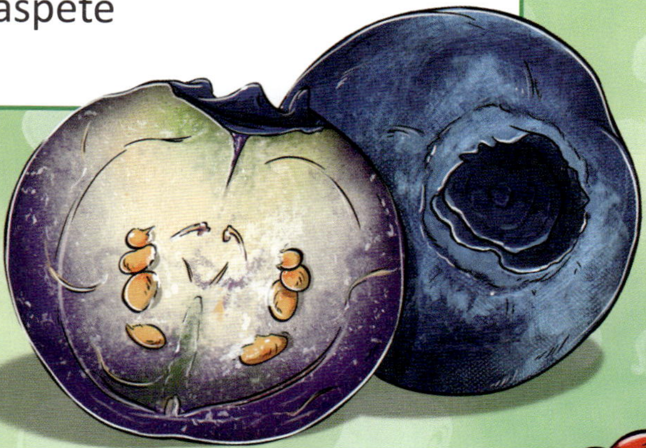

Din zmeură se extrage xilitolul, un îndulcitor artificial folosit la prevenirea cariilor dentare.

Consumul de coacăze negre protejează împotriva Alzheimer-ului (o boală ce atacă sistemul nervos al persoanelor mai în vârstă și se caracterizează prin demență).

Alunele au o valoare energetică mare, de 380 kcal\100g.

Alunul care creşte în păduri poate atinge vârsta de 80-100 de ani.

Cârceii viței-de-vie reprezintă inflorescențe modificate pentru agățarea de un suport.

Numele piersicii provine de la Persia, țara în care romanii au descoperit acest fruct pe care l-au adus în Europa.

În cultura chineză, piersicile sunt considerate simbolul longevității și al speranței.

Castanul comestibil poate trăi 600-1.000 de ani.

În Corsica, din castanele prăjite se obține, prin măcinare, un „mălai” din care corsicanii prepară „polenta”, un fel de mămăligă corsicană.

În 1990, Bill Carson din Arrington, Tennessee, a recoltat cel mai mare pepene din lume ce cântărea 98 de kg, atestat în Cartea Recordurilor abia din 1998.

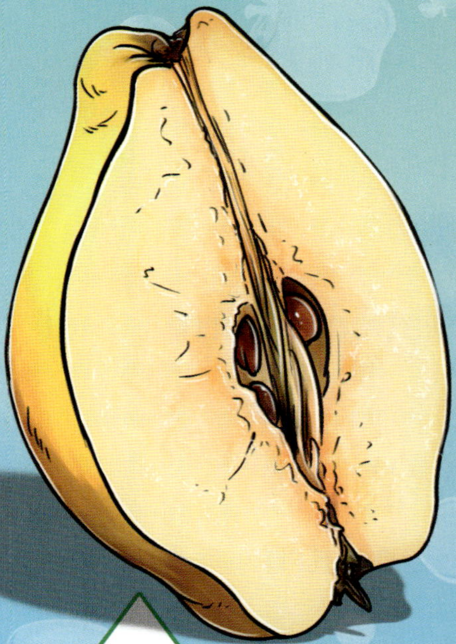

Ceaiul din semințe de gutui poate fi folosit pentru tratarea mirosului neplăcut al gurii, a rănilor bucale şi a arsurilor.

VOCABULAR

afide: familie de insecte cuprinzând păduchii de plante

anemie: stare de slăbiciune cauzată de scăderea numărului de globule roșii din sânge

artrită: boală care se manifestă prin inflamarea articulațiilor în urma unei infecții microbiene

butași: porțiune din tulpina, rădăcina, ramurile sau frunzele unei plante, detașată de la planta-mamă și sădită în pământ pentru a obține o plantă nouă

cotiledon: parte componentă a embrionului plantelor cu semințe, care servește la hrănirea plantei imediat după încolțire

drupă: tip de fruct cărnos cu un singur sâmbure tare

eliptic: în formă de elipsă

foliolă: fiecare dintre frunzulițele din care este alcătuită o frunză compusă

globulos: în formă de glob

guta: boală provocată de depunerea sărurilor acidului uric în regiunea unor articulații, care se manifestă prin umflături ale articulațiilor, însoțite de dureri violente

inflorescență: mod de dispunere a florilor pe tulpina sau pe ramurile plantei

lăstar: ramură tânără care se dezvoltă din rădăcina sau tulpina unei plante lemnoase

marcotaj: înmulțire vegetativă a plantelor, prin marcote (lăstari îngropați în pământ)

melifer: care are flori cu mult nectar și polen, din care albinele produc mierea

nuculă: tip de fruct de forma unei nuci

peduncul: codiță a unei flori sau a unui fruct

pețiol: codița frunzei

peren: care trăiește și rodește mai mulți ani fără să fie nevoie de o nouă însămânțare

petală: fiecare dintre frunzișoarele modificate care alcătuiesc corola unei flori

polen: pulbere, de obicei galbenă, constituită din grăuncioare microscopice produse de anterele staminelor

polenizare: transport al polenului de pe stamină (partea bărbătească a florii) pe stigmat (partea femeiască a florii)

pupă: stadiu intermediar între larvă și adult din metamorfoza unor insecte

receptacul: partea de sus, dilatată, a pedunculului, de care se prind organele unei flori

stoloni: tulpină sau ramură târâtoare care, în contact cu pământul, formează rădăcini și dă naștere unei plante noi